DESGLOSANDO EL ALMA

ALEJANDRA OROPEZA

DESGLOSANDO EL ALMA

EXLIBRIC

ANTEQUERA 2026

DESGLOSANDO EL ALMA
© Alejandra Oropeza
Diseño de portada: Dpto. de Diseño Gráfico Exlibric

Iª edición

© ExLibric, 2026.

Editado por: ExLibric
c/ Cueva de Viera, 2, Local 3
Centro Negocios CADI
29200 Antequera (Málaga)
Teléfono: 952 70 60 04
Fax: 952 84 55 03
Correo electrónico: exlibric@exlibric.com
Internet: www.exlibric.com

ISBN: 979-13-88079-44-3
Depósito Legal: MA 14-2026

Impresión: PODiPrint
Impreso en Andalucía – España

Nota de la editorial: ExLibric pertenece a Innovación y Cualificación S. L.

ALEJANDRA OROPEZA

DESGLOSANDO EL ALMA

Dedicatoria

A todas las mujeres que callan.

A las que cargan con el peso de sus decisiones y son juzgadas sin que nadie comprenda sus luchas.

A las que han sacrificado parte de sí mismas para salir adelante, con la esperanza de construir un futuro mejor.

Este libro es para ustedes: para que sepan que no están solas, que sus voces tienen valor y que sus historias merecen ser contadas.

Agradecimientos

A mi madre, cuyo amor silencioso fue la luz que iluminó mis días más oscuros. A pesar de las dificultades, los sacrificios y los silencios, siempre fue el pilar firme que sostuvo mi vida. Gracias por enseñarme que la fuerza y la ternura pueden coexistir y que, incluso en la adversidad, el amor verdadero no se desvanece.

A mi hermano, compañero de infancia, protector y ejemplo de entrega incondicional. Sin su presencia constante, su paciencia y su valentía, gran parte de mi historia no tendría la misma fuerza. Sus actos de cuidado y su corazón adelantado a su tiempo me mostraron lo que significa amar, sostener y ser sostenido.

A las personas que me acompañaron en los momentos más oscuros y también en los más luminosos. Cada gesto, palabra, abrazo y silencio compartido dejaron huellas que ayudaron a formar a la persona que soy hoy. Gracias por creer en mí cuando yo dudaba y por recordarme que la vida, aunque a veces dura, siempre encuentra la manera de rodearnos de luz y compañía.

A España, la tierra que me abrió sus puertas cuando más necesitaba renacer. Gracias por ofrecerme un espacio donde pude transformar mi historia de dolor en una historia de esperanza, donde cada experiencia se convirtió en lección y cada desafío en impulso para seguir adelante.

A ti, mi Ana Claudia, la mujer que hoy me acompaña, por tu amor, tu paciencia y tu compañía. Por recordarme que el afecto verdadero construye hogares en los corazones y que caminar junto a alguien no solo es compartir caminos, sino también crecer juntos. Gracias por estar, por sostener y por ser presencia en mi vida.

Y, finalmente, a ti, lector. Gracias por abrir estas páginas y regalarme tu tiempo. Que estas palabras te inviten a mirar dentro de ti, a reconocer tu propia fuerza y a entender que, incluso en medio de las luchas invisibles, siempre hay luz. Que mi historia te recuerde que cada uno de nosotros lleva en su interior la capacidad de salir adelante, aprender, perdonar y abrazar la vida con todas sus imperfecciones y maravillas.

1

La infancia forzada

Crecí junto a mi madre y mi hermano y, aunque ambos éramos apenas unos niños, él se convirtió en la figura de apoyo y protección que a mí me hacía tanta falta. Éramos de la misma edad, pero él parecía llevar en los hombros una madurez adelantada, como si la vida le hubiera pedido crecer más rápido de lo normal.

Era él quien me cuidaba, quien me acompañaba a todas partes y hasta se preocupaba de que no me faltara un plato de comida. Muchas veces se encargaba de prepararla, de llevarme a las actividades, de estar a mi lado como si fuera mi hermano mayor, aunque en realidad éramos solo dos niños enfrentando el mismo mundo difícil.

Nuestra infancia fue una infancia forzada. Muy pronto tuvimos que decidir lo que ningún niño debería: quién trabajaba y quién estudiaba. Esa carga cayó sobre sus hombros. Mientras yo seguía en la escuela, él se fue a trabajar y, aun así, intentaba continuar sus estudios por las noches en un parasistema. Nunca logró terminarlos, pero su esfuerzo nunca dejó de estar presente.

Él siempre estuvo. Siempre.

Recuerdo una tarde en particular. La casa estaba callada, como muchas veces, porque mamá trabajaba y las horas parecían alargarse más de lo normal. Mi hermano llegó del trabajo con las manos cansadas y la ropa marcada por la rutina diaria. Aun así, me sonrió y se puso a preparar la comida como si fuera lo más natural del mundo. Yo lo miraba en silencio, sorprendida de que alguien tan joven pudiera tener tanta responsabilidad y ternura al mismo tiempo.

Después me llevó a mis actividades. Yo apenas podía creer que alguien de mi misma edad estuviera haciendo todo eso por mí: cargando bolsas, pendientes, preocupaciones. Era como si su corazón hubiera crecido antes de tiempo y el mío aprendiera a confiar y apoyarse en él.

Hubo días en que la fatiga parecía pesar más que cualquier otra cosa, pero nunca lo vi rendirse. Aunque los estudios nocturnos no le permitieron terminarlos, nunca dejó de intentarlo, y esa constancia silenciosa se convirtió en la base de mi seguridad, en la certeza de que no estaba sola en el mundo.

Pero llegó un momento que ninguno de los dos esperaba. Mi hermano decidió irse del país junto a su novia, buscando un futuro mejor. Yo entendía sus razones, sabía que era una oportunidad que no podía dejar pasar, pero no estaba preparada para lo que eso significaría para mí.

De repente, la casa se sintió vacía. Las rutinas que nos habían sostenido durante tantos años desaparecieron. Ya no estaba quien cocinaba por mí, quien me acompañaba a mis actividades, quien asumía tantas cargas sin que yo tuviera que pedirlo. Su partida marcó un antes y un después: la seguridad que me había dado su presencia se desvaneció y, de golpe, tuve que aprender a enfrentar la vida sin él, sola, con miedo, pero también con la obligación de crecer más rápido de lo que alguna vez imaginé.

Mi mundo cambió drásticamente y, aunque su ausencia dolía, comenzó a formarse en mí una fuerza silenciosa: la de aprender a cuidar de mí misma y a seguir adelante, aunque ya no tuviera a mi hermano cerca como lo había hecho durante toda nuestra infancia.

Cuando mi hermano ya no estaba, cuando decidió irse en busca de un futuro mejor, mis días parecían perder todo sentido. Me levantaba sin ganas, sin fuerzas, como si el aire en mis pulmones fuera prestado. Se había ido mi fuerza, mi respaldo, la persona que siempre daba la cara por mí. Sentía que una parte de mí se había quedado suspendida en el aire, como si de repente el mundo se hubiera vuelto más pesado y yo tuviera que cargarlo sola.

Él y yo habíamos compartido tanto... tantas situaciones que para cualquier niño serían impensables. Aprendimos a decidir juntos qué sacrificar, qué posponer, qué inventar para sobrevivir. Muchas veces teníamos que elegir entre comer el desayuno o comer el almuerzo; uno de los dos quedaba fuera. Lo hacíamos con resignación, pero también con una especie de coraje silencioso que nos unía.

El recuerdo más marcado que tengo es de un día cualquiera, uno más en nuestra rutina de escasez. Mamá llegó con el rostro cansado, los ojos rojos de tanto esfuerzo, y nos dijo con voz entrecortada:

—Ya no tenemos comida. ¡Y no tengo nada de dinero!

Esa exclamación se me clavó como una espina. Era una frase breve pero devastadora. En ese instante, la infancia se me rompió un poco más.

Recuerdo que mi hermano y yo, sin pensarlo, empezamos a revolver la habitación. Billetes y monedas quedaban esparcidos en rincones, guardados entre ropa vieja, en bolsillos olvidados. Éramos como dos ratones desesperados buscando un pedazo de pan, pero, en realidad, éramos dos niños buscando monedas para poder comprar, aunque fuera un cartón de huevos.

Ese fue solo uno de muchos momentos que se quedaron tatuados en mi memoria como pequeños fragmentos permanentes. Son heridas que, con el tiempo, se transforman en cicatrices de fuerza. Porque sí, duele, pero también te empuja a seguir.

En medio de esa lucha diaria, las preguntas me asaltaban:

¿Será esto para siempre?

¿Mañana tendré qué comer?

¿Podrá mi madre seguir sosteniéndonos?

Con tan pocos años y tantas preocupaciones, aprendí el verdadero significado de la vida y el verdadero valor de las cosas. Lo entendí en los zapatos rotos pegados con cinta, porque no había para otros; en los cuadernos reciclados, a los que arrancábamos las hojas usadas para volver a escribir en las últimas páginas limpias. Lo entendí en los desayunos inciertos, en no saber si al día siguiente habría algo en la mesa.

Pero también descubrí algo más profundo: que incluso en medio de la carencia uno puede encontrar gratitud. Que, cuando la necesidad te acorrala, aprendes que respirar ya es un regalo, que caminar es un privilegio, que estar entero es una bendición. Me preguntaba cuántos niños en hospitales no podían levantarse, cuántos no podían hablar, cuántos habían nacido sin un brazo o sin un pie. Y yo, en medio de tanta carencia, estaba allí:

completa, con salud, con ganas, con una madre que me amaba y un hermano que me protegía.

Puede que no tuviéramos todas las necesidades básicas cubiertas, que nos faltara tanto, pero había algo que nadie podía arrebatarnos: la vida, la esperanza. Y dentro de mí comenzaba a germinar la certeza de que lo tangible algún día cambiaría, de que esa realidad no era una condena eterna, sino un terreno duro donde aprender a sembrar valor.

Podría seguir escribiendo sin fin, hilando recuerdos diminutos que se quedaron tatuados sin tinta, memorias que viven en los silencios de la mente, en los rincones donde el corazón guarda sus cicatrices y sus victorias. Son momentos que no necesitan palabras: el temblor de un miedo, la urgencia de un hambre, la fragilidad de un día que parecía no tener fin… cada instante se convierte en un eco que susurra: «Aun en la vulnerabilidad hay fuerza; aun en la carencia hay lecciones que te sostendrán toda la vida».

Aprendí que la vida no siempre es justa ni amable. A veces golpea con manos duras, rompe rutinas y deja cicatrices visibles e invisibles. Y, sin embargo, incluso en la oscuridad más profunda, siempre hay un hilo de luz —delgado, tenue, pero real— que invita a seguir. La felicidad no se mide por lo que poseemos; se esconde en lo simple: en la brisa que roza la piel, en el latido que dice «estás viva», en el calor de un abrazo inesperado, en el hecho de abrir los ojos y poder caminar, respirar, sentir.

Agradecer no es solo reconocer lo que tenemos, sino también abrazar lo que nos falta, aceptarlo y transformarlo en fuerza. Contar con vida propia es un milagro; respirar es un acto de resistencia; caminar, de valentía; existir, de coraje. Si puedes leer esto, si estás aquí ahora, si aún te queda fuerza, entonces ya posees más de lo que muchos podrían soñar. Y eso, por sí solo, es un tesoro que ni el tiempo ni la adversidad podrán quitarte.

Que este capítulo quede como un faro: la vida es frágil, impredecible y, a veces, dolorosa, pero también es un regalo inigualable. Aprender a ser feliz con lo que tenemos, encontrar luz incluso cuando la tormenta nos envuelve y valorar la simple maravilla de estar vivos es, quizá, la lección más profunda que podamos recibir. Porque, aunque la noche parezca eterna, incluso un aliento sostenido, una mirada que se abre, un corazón que late es suficiente para recordarnos: estamos aquí y eso ya es suficiente para brillar.

2

Aprender a estar sola

Cuando mi hermano se fue, el silencio en la casa se volvió casi tangible. No era un silencio cualquiera: era uno que pesaba, que se hacía físico, como si cada rincón hablara de su ausencia. La cocina vacía, la mochila que ya no cargaba sus libros, las actividades que antes compartíamos... todo me recordaba que ya no estaba. Por primera vez, entendí lo que significaba estar realmente sola.

Al principio, todo resultaba abrumador. No se trataba únicamente de cumplir tareas escolares o seguir con la rutina diaria, sino de enfrentar situaciones que antes compartía con él. Esos pequeños espacios en los que necesitaba consejo o guía se convirtieron en un vacío doloroso. Tenía que ser mi propia consejera, mi propia guía, y confiar en que mis decisiones fueran las correctas, aun sin estar segura de que lo fueran.

Con diecisiete años puedes conocer muchas cosas, pero no lo sabes todo. Apenas empiezas a tomar conciencia de tu vida y ya debes decidir como si fueras adulta.

Mi hermano se había ido y la responsabilidad de mis decisiones recaía completamente sobre mí.

Y entonces ocurrió algo que lo cambió todo: tuve un accidente de tránsito, un doble atropello que me dejó marcada física y emocionalmente. Muchos podrían pensar: «¿No eran suficientes las cicatrices del alma y de la mente?». Pero la vida es así: a veces no entendemos sus razones, otras no merecemos lo que sucede, y algunas cosas dependen directamente de nuestras propias decisiones.

Sufrí seis fracturas de cráneo y pasé por una operación de tres horas sin saber si sería exitosa. Me aferraba a la vida sin comprender cómo. Al despertar, no recordaba nada: no entendía por qué estaba en el hospital ni cómo había llegado hasta allí. Mi cerebro y yo estábamos en recuperación, y lo único cierto era que seguía viva.

Recuerdo cómo ocurrió. Uno de los pocos días en que mi madre se sentó a hablar conmigo, me dijo:

—Hija, no quiero que vayas de viaje sola. Aunque allá esté nuestra familia, es mejor que vayas conmigo. Todavía no es el momento.

Pero yo, con la rebeldía que a veces creemos libertad, no la escuché, le respondí que me iba.

Viajé con uno de mis primos al estado donde vivía la familia de mi madre, buscando un respiro, un momento de diversión y libertad. Quería salir de casa, respirar, sentirme viva. Pero pocos días antes de regresar, la vida me golpeó de frente: el accidente me obligó a debatirme entre la vida y la muerte.

Ese episodio me enseñó algo que nunca olvidaré: las palabras de quienes te aman y las señales más simples de la vida no deben pasarse por alto. A veces el amor se manifiesta en advertencias que no queremos escuchar, pero que pueden salvarnos. Aprendí que debía tomar decisiones con conciencia, que la vida puede cambiar en un instante y que cada elección cuenta.

Al mismo tiempo, empecé a mirar a mi madre con otros ojos. Su amor, aunque no siempre visible, estaba en cada esfuerzo, en cada advertencia, en cada sacrificio. Aprendí a valorarla y a apoyarme en ella de maneras nuevas, sintiendo que, aunque no tuviera a mi hermano cerca, nunca estaba completamente sola.

Fue un proceso lento, lleno de miedo y de errores, pero también de descubrimiento. Cada pequeño avance, cada decisión tomada por mí misma, cada día en que me levantaba a pesar del dolor, se convirtió en una victoria.

Uno de los momentos más decisivos en este proceso fue cuando decidí salir del *clóset* con mi familia. No fue fácil; implicaba enfrentar miedos, dudas y la incertidumbre de cómo reaccionarían, especialmente, después de todo lo que había vivido. Pasé días buscando las palabras correctas para expresar mi verdad y, finalmente, reuní el valor suficiente para decir quién era realmente.

Su reacción no fue inmediata ni perfecta, pero el simple hecho de haberlo dicho me liberó. Ese instante reforzó mi confianza en mí misma y me recordó que la autenticidad es una forma de valentía. Mostrarte como eres, aunque dé miedo, es un acto de amor propio.

La partida de mi hermano, el accidente y los silencios de mi madre marcaron mi vida, pero descubrí que la fuerza que buscaba afuera siempre había estado dentro de mí.

Aprender a estar sola no fue un castigo: fue un despertar. La vida me enseñó que incluso en los momentos más oscuros, mientras exista aliento, hay esperanza. La soledad me mostró un espejo en el que pude ver mis miedos, mis dudas, mis heridas... pero también mi fuerza, mi resiliencia, mi capacidad de seguir adelante cuando todo parecía perdido.

Quiero que quien lea esto se detenga un instante y piense: ¿cuántas veces he dado por sentada mi vida? ¿Cuántas veces he dejado que el miedo me detenga, que la inseguridad me robe la libertad, que el silencio de los demás me haga sentir solo o invisible?

Cada respiro que tomamos, cada instante que vivimos, es un regalo que muchas veces olvidamos valorar.

Incluso cuando parece faltar todo —el amor, el apoyo, la certeza— seguimos teniendo algo que nadie puede arrebatarnos: la vida, nuestra capacidad de sentir, de pensar, de elegir y de transformar nuestro destino.

Aprender a estar sola me enseñó que la verdadera compañía comienza dentro de uno mismo. Que no necesitamos que todo esté perfecto afuera para encontrar paz y fuerza adentro. Que cada lágrima derramada, cada error cometido, cada caída dolorosa es también una lección que nos prepara para levantarnos más fuertes, más conscientes y valientes.

Te invito a mirar tu vida con ojos nuevos. Reconoce lo que tienes, incluso si es poco. Agradece lo que muchas veces das por sentado: tu salud, tu familia, tus amigos, tu capacidad de aprender, tu voz interior que siempre te habla, aunque no la escuches. Aprende a escucharla, porque en ella está la brújula que puede guiarte hacia tu verdad.

Y recuerda esto: no temas equivocarte. No temas caer. No temas sentir miedo. Porque cada experiencia, cada desafío, cada momento de incertidumbre es también una oportunidad para crecer, conocerte y redescubrirte. Mientras sigas respirando, mientras tu corazón siga latiendo, siempre habrá camino, siempre habrá posibilidad de empezar de nuevo, siempre habrá luz, incluso en la noche más oscura.

Aprender a estar sola me enseñó que la fuerza no se mide por lo que tienes, sino por lo que haces con lo que la vida te da. Que el verdadero valor no está en nunca caer, sino en levantarte una y otra vez. Que la felicidad no siempre se encuentra en tenerlo todo, sino en aprender a agradecer, a vivir y a sentir en plenitud lo que ya posees.

Si algo quiero que quede grabado en ti después de leer esto, es lo siguiente: eres capaz de más de lo que imaginas, tienes dentro de ti una fuerza que nadie puede arrebatar, y mientras tengas vida, siempre habrá oportunidad de cambiar tu historia. No esperes a que las circunstancias sean perfectas; empieza hoy. Escucha, siente, agradece, elige y, sobre todo, confía en ti mismo.

Porque, aunque la vida sea dura, aunque tropieces, aunque la soledad te pese, dentro de ti hay luz suficiente para iluminar tu camino. Y cuando aprendes a caminar acompañado de tu propia fuerza, descubres que puedes ser tu propio refugio, tu propio guía, tu propia esperanza, y que, desde ese lugar, todo lo demás se vuelve posible.

3

Tomar decisiones difíciles

A los dieciocho años comencé mi primer trabajo y, con él, mi primer contacto real con la responsabilidad adulta. Cada día era un desafío: levantarme temprano, enfrentar horarios estrictos, cumplir con metas que parecían no acabar nunca. Aprendí rápidamente a organizarme, a priorizar tareas y a ser constante. Pero, al mismo tiempo, sentía el peso de la incertidumbre sobre mi futuro. Mi trabajo era necesario, pero no suficiente para cubrir todos mis sueños ni mis necesidades.

A los diecinueve logré ingresar en la universidad. Ese logro lo celebré con alegría, pero también con miedo. Mi carrera era a distancia, porque estudiaba en otro estado, y esa modalidad implicaba una doble presión: continuar trabajando para mantenerme mientras intentaba seguir el ritmo académico desde lejos.

Recuerdo estudiar muchas veces en la mesa de la cocina, con un café frío, la luz amarillenta de un foco débil y un cuaderno lleno de apuntes. La soledad pesaba, más aún, estando lejos de mi familia. No había nadie que me despertara cuando el cansancio me vencía sobre los libros, nadie que me preguntara si había comido. A veces, la única compañía era el sonido del reloj marcando las horas de la madrugada. La vida se me iba entre trabajo, estudio y silencio.

En medio de todo ese proceso conocí a una persona que empezó a acercarse a mí, a mostrar interés y apoyo. En aquel momento no lo entendí como amor; lo entendí como compañía. Una manera de sobrellevar la presión, de llenar un vacío emocional que crecía con la distancia y la necesidad. La relación surgió en un momento de vulnerabilidad. Yo sabía que pronto tendría que mudarme al otro estado para estudiar presencialmente y también sabía que mis recursos económicos eran muy limitados.

Cuando esa persona me ofreció su ayuda, tuve que enfrentarme a una de las decisiones más difíciles de mi vida. Porque no era ingenua: sabía que nada era gratis. Sabía que aceptar su apoyo significaba entrar en un terreno que no estaba guiado por mis deseos, ni por mis gustos, ni por lo que yo realmente quería. Pero mi madre no podía ayudarme; por más que quisiera, no tenía los medios. Y yo estaba decidida a no renunciar a mis estudios.

Sus palabras fueron claras, frías, sin adornos:

—Eres un negocio. Yo pago tus estudios y tú cumples.

Cumplir… ¿cómo?

Lo dijo sin rodeos: con lo que yo ya me imaginaba.

Sexo a cambio de la oportunidad de continuar mi carrera. No hubo engaños, no hubo promesas falsas. Solo una condición brutal y directa.

Aceptar fue como firmar un contrato invisible en el que yo misma quedaba reducida a un precio. Y, aunque por dentro gritaba que no quería, que me dolía, que me destruía, terminé aceptando. Porque más que miedo a esa situación, tenía miedo a perder lo único que me daba esperanza: mi educación.

Desde ese momento empecé a vivir una rutina que parecía un castigo. Durante el día trabajaba, luego estudiaba y cuando caía la noche, me enfrentaba a esa obligación que me recordaba constantemente el precio que estaba pagando. Aunque me duchara una y otra vez, sentía que las huellas seguían en mi piel. Era una marca invisible, un peso que cargaba en silencio.

Una de esas noches la recuerdo con una claridad dolorosa. Me cambié de ropa, me metí en la cama con la intención de descansar y cuando él vino junto a mí, simplemente, me di la vuelta. No quería hablar, no quería verlo. Mientras todo sucedía, lloraba en silencio y solo deseaba que terminara. No porque sintiera dolor físico, sino porque ya no quería seguir viviendo así. Era como si cada encuentro arrancara un pedazo de mí.

Con el tiempo, esa herida empezó a hacerse más profunda. Y aunque me repetía que lo hacía por mis estudios, que era por mi futuro, la verdad es que cada día me costaba más sostenerme emocionalmente.

En medio de todo esto apareció alguien que me devolvió un poco de vida: una mujer. La conocí por medio de una aplicación, en esas noches confusas en las que navegaba sin rumbo, buscando algo que me recordara quién era. Yo quería acercarme a algo que no me hiciera olvidar mi identidad, aunque ya estaba bastante marchitada.

No sé si la encontré yo o si la vida la puso en mi camino. Ella, más que amor en ese momento, fue una salida al torbellino. Era calma en medio de mi tormenta y mi caos. Algunas veces mis ganas de seguir en pie y de seguir intentándolo se agotaban y desaparecían, pero ella aparecía con un mensaje, con una palabra de aliento, con una risa compartida, y me devolvía un pedacito de esperanza.

Con ella no había tratos ni condiciones. Era complicidad, era ternura, era autenticidad. Con ella me reconocía, me sentía, me encontraba. Por primera vez me vi reflejada en alguien y pude decir: «Esto soy yo». Pero esa libertad debía vivirse en secreto. Llevaba entonces una doble vida. Con ella, en silencio y a escondidas, podía ser yo misma. Con él, en público, mantenía la fachada de un trato que sostenía mis estudios. Una relación me ataba a la necesidad; la otra me mostraba la verdad de mi ser.

Sabía que tarde o temprano todo saldría a la luz. Y sabía también que debía elegir el momento para decir mi verdad. No quería hacerlo en medio de mis estudios ni en un punto débil. Tenía que ser cuando estuviera fuerte, cuando ya nada pudiera quitarme lo que tanto me costó conseguir. Fue entonces, cuando estaba segura de que me faltaba muy poco para graduarme, que tomé la decisión.

Mucha gente podría decir que debería estar agradecida. Y sí, en parte lo estoy. Porque hoy, con más años y más conciencia, entiendo que aprendí mucho. Pero también aprendí que, si una persona realmente quiere ayudarte, si de corazón quiere aportar a tu vida, lo hace sin pedirte nada a cambio. Mucho menos, sexo.

Yo solo tenía diecinueve años. Estaba buscándome la vida, con un deseo enorme de superación, con una familia extremadamente humilde que no me permitía aspirar a más. Y, aun así, saqué fuerzas de donde no tenía para decir mi verdad.

Recuerdo el momento exacto. Sentí miedo, pero también una fuerza nueva que me atravesaba. Lo miré directamente, respiré hondo y, con voz firme, le dije:

—Estoy con una mujer. Ella me hace sentir. Es lo que realmente soy.

Ese instante marcó un antes y un después. Fue doloroso, fue arriesgado, pero también fue un acto de valentía. Tal vez me costó lágrimas, culpas y cicatrices, pero también me dio algo que nadie me podía arrebatar: mi verdad.

Hoy, mirando hacia atrás, reconozco que sobreviví a una etapa en la que mi fuerza fue puesta a prueba de la manera más dura. No lo digo con orgullo por lo que viví, sino por lo que resistí. Porque cada lágrima que derramé, cada noche en la que me sentí atrapada, y cada decisión que me obligó a sacrificar partes de mí fueron también los cimientos de la mujer que soy ahora.

Este capítulo de mi vida me enseñó algo que quiero dejar grabado para cada mujer que pueda leerme: nuestro valor no se mide por lo que damos a cambio ni por lo que otros nos imponen. Nuestro valor es infinito y no tiene precio.

Quiero que todas las mujeres que se han visto en situaciones parecidas —de necesidad, de vulnerabilidad, de sentir que la vida las empuja a aceptar lo inaceptable— sepan que no están solas. Que la culpa no es suya, que no es vergonzoso sobrevivir y que su dignidad sigue intacta, aunque otros intenten arrancársela.

Hoy sé que la verdadera fortaleza no está en callar ni en aguantar, sino en atreverse a seguir adelante, incluso cuando parece que todo está en contra. La fortaleza está en atreverse a decir «esto soy yo», aunque tiemble la voz.

A ti, mujer, que luchas con poco, que cargas responsabilidades enormes, que sientes que el mundo te exige más de lo que puedes dar, quiero decirte que eres suficiente. Que, aunque las circunstancias intenten quebrarte, siempre habrá dentro de ti una llama que nadie puede apagar.

Y aunque la vida nos ponga frente a decisiones injustas, aunque el camino se torne oscuro, siempre habrá una salida, siempre habrá una verdad que nos espera. Esa verdad no nos la puede arrebatar nadie: somos mujeres, somos fuerza, somos dignidad, y merecemos un futuro que no dependa del precio que otros quieran imponernos.

4

Entre la necesidad
y mis verdaderos sentimientos

Sabía que estar con él no era lo que realmente deseaba. Cada encuentro, cada caricia, cada gesto de afecto obligado era un recordatorio silencioso de que yo no estaba allí por amor, sino por necesidad. Él representaba la estabilidad que yo no podía conseguir sola: el dinero para mis estudios, la seguridad de un techo, la ilusión de un futuro que había construido con tanto esfuerzo. Pero, a cambio, entregaba mi cuerpo, mi tiempo y mi energía. No era amor; era supervivencia, un trueque que me desgarraba por dentro. Cada vez que sus manos rozaban las mías, cada vez que su aliento se acercaba a mi cuello, sentía que perdía un pedazo de mí misma, mientras mi mente gritaba que no podía seguir así.

LA LIBERTAD CON ELLA

Mis noches con ella eran otro mundo. Allí no había imposición, ni control, ni fingimiento. Era pasión y deseo, sí, pero también descubrimiento y autenticidad. Por primera vez en mucho tiempo, mi cuerpo y mi mente eran míos. Cada conversación que teníamos, cada caricia, cada risa compartida me reafirmaba en mi identidad. Sentía que estaba viva, completa, lejos de los roles que debía cumplir con él. Era como si finalmente alguien viera a la verdadera yo, sin máscaras ni obligaciones.

Los pensamientos y los sentimientos hacia ella crecían cada día, más fuertes, más claros. En su compañía exploraba mi sexualidad sin miedo ni culpa; me sentía identificada, libre y, sobre todo, yo misma. Sin embargo, la sombra de la verdad que debía confesar a él estaba siempre presente, pesada y urgente. Sabía que en cualquier momento tendría que hablar, aunque temiera las consecuencias.

LA CONFESIÓN

Era un fin de semana libre y, como casi siempre, él había venido a buscarme para pasar unos días juntos. Durante el trayecto sentía una mezcla de miedo y determinación que me helaba la sangre. Esa noche, antes de dormir, mientras la luz tenue del cuarto bañaba las paredes, respiré hondo y finalmente dije lo que no podía callar más:

—Tengo que contarte algo… —Mi voz temblaba a cada sílaba.

Él levantó la mirada, con las cejas fruncidas y un brillo de curiosidad en los ojos.

—¿Contarme qué?

—Mi verdad… —Tragué saliva, notando cómo cada palabra me costaba, como si mi lengua estuviera pegada al paladar—. Me gustan las mujeres… y lo que hacemos tú y yo… Siento que solo me ves como un objeto, como un negocio para ti… —Mi voz se quebró al final, pero seguí—: No puedo seguir así.

El silencio fue inmediato, profundo, ensordecedor. Pude sentir cómo su rostro cambiaba, cómo la incredulidad y la furia se mezclaban en su expresión. Era como si, de repente, el tablero de su juego se hubiera vuelto contra él.

—Esto… no puede ser —dijo con la voz quebrada, los ojos llenos de confusión—. Es que… me he enamorado de ti.

Sus palabras quedaron suspendidas en el aire, resonando en mi mente. Todo había comenzado y la sensación de alivio inicial se mezcló con miedo. Sabía que no podía escapar fácilmente de lo que vendría.

LA EXPLOSIÓN DE VIOLENCIA EMOCIONAL

Lo que siguió fue un torbellino que aún hoy me persigue. Gritos, insultos y amenazas que llegaban por teléfono, intentando controlar cada movimiento, cada pensamiento, cada emoción. Me encontraba atrapada entre el miedo a perder la estabilidad que él me daba y la necesidad de vivir mi verdad.

Esa noche me llevó a la cama y, mientras yo lloraba y suplicaba que parara, él descargaba su rabia contra mi cuerpo. Cada toque, cada empujón, cada gesto era un recordatorio de su poder, de cómo podía usarme para su satisfacción. Mi mente repetía sin cesar: «Por favor, que esto termine, por favor…», mientras las lágrimas brotaban sin control, como un río imposible de detener.

El recuerdo de aquel día sigue siendo vívido: la fricción de sus manos, la fuerza de su lengua, la desesperación en mi pecho y la sensación de impotencia mientras mi cuerpo estaba atrapado. Cada momento estaba marcado por un conflicto brutal entre deseo, miedo y supervivencia.

EL CAMINO HACIA LA SALVACIÓN

Finalmente, me llevó a casa de mi madre, como solía hacer cuando necesitaba dejarme allí. Recuerdo perfectamente cómo me obligó a bajar del coche: llevaba un suéter sin sujetador, los pantalones medio sujetos y estaba descalza. Me hizo caminar unos cien metros hasta el portal de la casa, cada paso un martillo en mi corazón, cada mirada hacia él un recordatorio de mi vulnerabilidad. Llegar al portal fue como tocar tierra firme por primera vez en horas: allí estaba mi refugio, mi santuario, aunque las marcas emocionales y físicas aún me perseguían.

En ese momento comprendí algo que hasta entonces solo había sospechado: no podía vivir así, ni permitir que otra persona controlara mi cuerpo y mis emociones. No deseaba que ninguna mujer pasara por lo que yo estaba viviendo. Aquel día, aunque roto y doloroso, fue el primero en que empecé a elegirme a mí misma.

Lo que viví no es fácil de contar ni fácil de recordar. Pero quiero que quede claro: nadie debería vivir bajo la amenaza de un poder ajeno, ni sentir que su cuerpo o sus emociones son moneda de cambio. A veces, la vida nos pone en situaciones donde debemos decidir entre sobrevivir y ser fieles a quienes realmente somos. Y aunque dar ese paso da miedo, aunque sientas que todo se derrumba a tu alrededor, elegirte a ti misma siempre será la decisión correcta.

5

Sacrificio y triunfo: el camino hacia mi futuro

Llegar a la universidad presencial fue un cambio radical en mi vida. Adaptarme a un lugar nuevo, lejos de todo lo que conocía, fue difícil, pero también emocionante.

Cada día representaba un reto: organizar mi tiempo entre clases, tareas y responsabilidades mientras intentaba mantenerme firme en mi camino académico y personal.

Durante esta etapa conocí personas que se convirtieron en apoyo, en redes de amistad que me ayudaron a seguir adelante.

Sin embargo, no todo fue fácil.

La persona con la que había tenido la relación complicada antes no quería que terminara mi carrera. Sus intentos por desanimarme fueron constantes, pero yo sabía que mi educación y mi futuro eran más importantes que cualquier presión externa.

A pesar de todo, logré terminar mi carrera. Cada examen aprobado, cada proyecto finalizado, era una prueba de que podía superar cualquier obstáculo, incluso los que venían de alguien que alguna vez había sido parte de mi vida. Este triunfo no solo fue académico, sino también personal: demostraba que podía priorizar mis sueños, defender mi independencia y reafirmar quién era realmente.

Tras recibir mi titulación, sentí un impulso aún mayor por seguir creciendo. Quise embarcarme en un estudio más avanzado que complementara y potenciara lo que ya había logrado. En ese momento, la situación económica de mi madre había mejorado y, por primera vez, pudo ayudarme a costear parte de este nuevo curso, facilitando un camino que antes parecía imposible.

Antes de comenzar, le conté toda la verdad: lo que había tenido que enfrentar para culminar mis estudios, los sacrificios que implicaron incluso situaciones extremas que me marcaron profundamente. Aunque pueda sonar duro o incómodo, la realidad es que enfrenté momentos en los que tuve que vender mi cuerpo para avanzar y asegurar mi futuro. No quiero ocultarlo ni minimizarlo, porque forma parte de mi historia, y creo que compartirlo puede ayudar a otros a reflexionar sobre las decisiones que toman.

Quiero que quienes lean mi historia entiendan que existen otras vías para salir adelante y que la guía, el acompañamiento y el consejo de los padres son fundamentales, incluso cuando las decisiones parecen ser solo de los hijos. La presencia de un familiar puede marcar la diferencia entre sentirse solo o tener la fuerza para tomar decisiones difíciles y avanzar en la vida.

En esta etapa, cada día de estudio era un recordatorio de lo que estaba construyendo: un futuro más sólido, una independencia más clara y la certeza de que mi esfuerzo no sería en vano. Cada examen, proyecto y tarea superada era un ladrillo más en la construcción de mi vida, una prueba de que podía combinar resiliencia, inteligencia y determinación para avanzar sin depender únicamente de otros.

Aprendí que la superación personal no solo depende de nuestra fuerza, sino también del apoyo de quienes nos aman y creen en nosotros. Mi madre estuvo allí, aunque los años anteriores no le hubieran permitido hacerlo, y su acompañamiento cambió radicalmente la manera en que pude enfrentar este nuevo desafío.

Este capítulo de mi vida reforzó mi capacidad de decidir, de priorizar mis sueños y de sostenerme, incluso cuando el camino era difícil y los obstáculos parecían insuperables.

Al final, completar estos estudios avanzados no solo fue un logro académico, sino un triunfo personal: la evidencia de que, a pesar de las dificultades, las decisiones dolorosas y los sacrificios, uno puede salir adelante y construir un futuro con determinación, independencia y resiliencia.

Al mirar atrás, quiero que quienes lean mi historia comprendan algo fundamental: no importa cuán difíciles sean los caminos, ni los sacrificios que la vida nos obligue a enfrentar, siempre es posible avanzar y construir un futuro propio.

A las mujeres, y a todas las personas que enfrentan adversidades, les digo que no deben sentirse culpables por luchar por sus sueños, por priorizar su educación, su independencia y su bienestar.

La vida no siempre ofrece caminos claros ni justos, pero cada decisión que tomamos con determinación, cada obstáculo que superamos, fortalece nuestra capacidad de enfrentar el mundo y ser dueños de nuestra historia. Que mi experiencia sirva de recordatorio de que, aunque la vida nos ponga a prueba, siempre podemos elegir levantarnos y seguir adelante, con coraje, resiliencia y autenticidad.

6

Renacer: el comienzo de mi propio camino

Cuando recibí mi titulación, sentí una mezcla de orgullo y alivio. Había logrado lo que durante años había parecido imposible. Sin embargo, la vida no se detuvo en ese momento de gloria. Con la residencia universitaria ya finalizada y sin otro lugar al cual ir, regresé a la casa de mi madre. Era como volver al punto de partida, pero esta vez con un título en mis manos, con experiencias que me habían transformado y con una certeza que me acompañaba: no estaba retrocediendo, estaba tomando impulso.

Con esa determinación, empecé a recorrer centros médicos, entregando mi currículum una y otra vez, confiando en que, en algún momento, alguien me daría la oportunidad que tanto buscaba.

Y así fue.

Una de esas puertas finalmente se abrió. Allí comenzó un nuevo camino, uno distinto a todos los que había transitado antes, un camino marcado no por la dependencia ni por los sacrificios impuestos, sino por mi propio esfuerzo y preparación.

Con el tiempo, la experiencia me fue fortaleciendo y dándome la confianza necesaria para dar un paso aún más grande. Abrí mi propio laboratorio. Era pequeño, modesto, pero era mío. Al principio atendía a domicilio, con pocos recursos, pero con mucha ilusión. Poco a poco fue creciendo, tomando forma y alcanzando a más personas. Cada paciente atendido era también un recordatorio de que mis luchas no habían sido en vano, que todo el dolor y los sacrificios habían tenido un propósito.

Me iba bien. No me podía quejar. Había alcanzado aquello que tanto soñé: graduarme, ejercer mi profesión y tener mi propio espacio de trabajo.

Más allá de los logros materiales, sentía que estaba recuperando mi fuerza personal, mi identidad y mi dignidad. No había sido un camino fácil, pero cada paso dado me había hecho más fuerte y consciente de mi capacidad para salir adelante.

Hoy entiendo que la vida es una suma de capítulos, algunos oscuros y dolorosos, otros llenos de luz y esperanza. Cada experiencia nos transforma y nos empuja hacia lo que realmente estamos destinados a ser.

Y aquí quiero detenerme para dejar una reflexión profunda, no solo para las mujeres, sino para todo aquel que se tome el tiempo de leer estas páginas:

La vida no siempre será justa y muchas veces exigirá más de lo que pensamos que podemos dar. Habrá momentos en los que parezca que todo está en nuestra contra, en los que el cansancio y la desesperanza nos hagan creer que no hay salida. Pero quiero que entiendas que siempre hay un camino, aunque a veces se esconda detrás del miedo, de las críticas o de las circunstancias.

Las mujeres, en especial, hemos cargado con expectativas, silencios y sacrificios que muchas veces nos obligan a ocultar lo que realmente sentimos o deseamos. Mi historia es prueba de ello. Pero también es prueba de que se puede romper con esos moldes y buscar nuestra verdad, aunque duela, aunque asuste, aunque implique enfrentarse al mundo entero.

Y para todos los que leen esto, sean hombres o mujeres, jóvenes o adultos: nunca permitan que nadie robe su esencia. Los sueños no se negocian, los principios no se venden y la dignidad no se entrega. Tal vez la vida te obligue a tomar decisiones difíciles, pero nunca olvides que siempre puedes levantarte, recomenzar y reconstruir.

El éxito no está en llegar rápido ni en tener más que los demás. El verdadero éxito está en resistir, en mantenerse fiel a uno mismo y en poder mirar atrás con orgullo de lo que se logró pese a todo.

Hoy puedo decir que valió la pena cada caída, cada sacrificio y cada lágrima, porque me trajeron hasta aquí. Y si mi historia logra inspirar, aunque sea a una sola persona, a no rendirse, a luchar por su educación, su libertad o sus sueños, entonces todo esto también habrá servido para dejar una huella más allá de mí.

Porque siempre existe un renacer. Siempre hay una oportunidad de empezar de nuevo, incluso cuando parece que todo está perdido. Y ese comienzo puede estar justo detrás de la puerta que aún no te has atrevido a tocar.

7

Cambios y cierres

Finalmente, me iba bien, a pesar de la situación en mi país. Tenía mi título, mi experiencia y mi propio laboratorio, que poco a poco crecía con esfuerzo. Sin embargo, dentro de mí persistía una herida que no terminaba de sanar. Por más que avanzara, las huellas de lo vivido permanecían: la esclavitud sexual a la que me vi sometida para costear mis estudios, las noches de sacrificio, las marcas en el cuerpo y, sobre todo, en la mente. No importaba dónde estuviera: esos recuerdos regresaban y me recordaban todo lo que había tenido que atravesar para llegar hasta allí.

Fue entonces cuando comencé a plantearme la idea de irme. España no era un destino cualquiera: allí estaba mi hermano, quien podía ser el puente para este cambio tan grande en mi vida. Pensar en él me daba seguridad, pero al mismo tiempo me asustaba. Irme significaba dejar atrás mi país, mis raíces, mis afectos y también todo lo que había construido con tanto esfuerzo. La idea era dura, porque, aunque cargara recuerdos dolorosos, también sabía que esos recuerdos eran alas, no cadenas.

Tenía que pensar en mí. Tenía que atreverme a dar ese paso, aunque doliera, porque ese cambio era necesario para mi paz, para mi salud mental y, sobre todo, para reencontrarme conmigo misma.

Cuando llegué a España, todo era un sueño. Todo era completamente diferente: las calles, el aire, las tiendas… y hasta el calor. Pero no hablo de un calor humano, de ese que te hace sentir en casa, sino de todo lo contrario. La distancia me recordaba que había empezado una vida nueva, que debía adaptarme a un lugar donde nadie me conocía y donde tendría que comenzar de cero.

Y fueron muchas las veces que tuve que hacerlo. Innumerables inicios, tropiezos, levantadas y nuevos intentos para establecerme.

No fue fácil, pero hoy, después de casi cuatro años, puedo decir que estoy en un punto medio, casi final, donde al fin puedo disfrutar de esas pequeñas pero grandes cosas que le dan sentido a la vida: la paz, el amor sincero, el acompañamiento de personas que me llenan el alma y, sobre todo, el poder ejercer mi carrera, mi profesión, en este país que me abrió las puertas.

Hoy vivo de lo que realmente me gusta, de aquello por lo que tanto luché, por lo que sacrifiqué y lloré. Vivo del sueño que alguna vez pareció imposible, de ese futuro que construí con lágrimas, con valentía y con la decisión de no rendirme nunca.

Este es mi cierre, pero también mi comienzo, porque entendí que los cambios no son pérdidas, son transformaciones. Y que los cierres no son finales, sino nuevas oportunidades para volver a empezar.

Epílogo: una carta al corazón

Si has llegado hasta aquí, quiero empezar diciéndote gracias. Gracias por regalarme tu tiempo, por acompañarme en este recorrido que no siempre fue fácil de contar, pero que necesitaba dejar escrito. Gracias por abrir tu corazón y permitirme compartir mis cicatrices, mis caídas, mis miedos y, sobre todo, mis pasos hacia la libertad.

Esta no es solo mi historia. Es también el reflejo de tantas vidas invisibles, de tantas voces que callan, de tantas luchas silenciosas que parecen pequeñas, pero que pesan como montañas en el alma. Cada lágrima que derramé, cada noche de miedo y cada decisión difícil que tomé forman parte de un camino que no es único: muchas personas, quizá, tú que me lees, también han tenido que atravesar tormentas similares.

Escribí estas páginas para sanar, para recordarme a mí misma que sobrevivir es un acto de valentía. Pero también las escribí para ti, para recordarte que nunca es tarde para recomenzar. No importa cuánto duela el pasado ni cuántas veces hayas tenido que empezar de cero. Siempre hay una puerta esperando ser tocada, siempre hay un renacer posible.

Quiero que sepas algo fundamental: los recuerdos no son cadenas, son alas. Incluso los recuerdos que más pesan, los que parecen imposibles de llevar, están ahí para impulsarnos, para enseñarnos, para recordarnos nuestra fuerza. Cada herida que cargamos, cada tropiezo, cada miedo superado nos hace más fuertes, más conscientes, más capaces de abrazar la vida que merecemos.

Si algo de mi historia toca tu corazón, permítete elegirte a ti. Permítete levantarte, aunque sientas que ya no puedes más. Permítete caminar con valentía hacia tu propia libertad, hacia tu propia felicidad, sin importar lo que otros piensen o digan. Porque nadie más puede vivir tu vida por ti. Nadie más puede luchar tus batallas ni sentir tus emociones en tu lugar. Solo tú tienes ese poder.

Todos estamos hechos de cicatrices, pero también de sueños. No es el dolor que llevamos lo que nos define, sino la fuerza con la que decidimos seguir viviendo, amar y creer en nosotros mismos. Cada día es una oportunidad para reconstruirnos, para mirar hacia adelante con esperanza y para abrazar el futuro con valentía.

Así que, lector o lectora, si alguna vez dudas de ti mismo, recuerda esto: si alguien que atravesó oscuridad, miedo y dolor pudo encontrar su camino hacia la luz, tú también puedes hacerlo. La vida te ofrece infinitas oportunidades para empezar de nuevo, para reinventarte, para elegirte una y otra vez.

Mi historia termina aquí, pero la tuya sigue en tus manos.

Haz de tus cicatrices tus alas.

Haz de tus sueños tu brújula.

Y nunca, nunca dejes de caminar hacia la vida que mereces.

Índice